AF509731

GOUVERNEMENT GÉNÉRAL DE L'ALGÉRIE

SERVICE DES MONUMENTS HISTORIQUES

INSTRUCTIONS

POUR LA

CONDUITE DES FOUILLES ARCHÉOLOGIQUES

EN ALGÉRIE

ALGER

TYPOGRAPHIE ADOLPHE JOURDAN

IMPRIMEUR-LIBRAIRE-ÉDITEUR

4, PLACE DU GOUVERNEMENT, 4

1901

INSTRUCTIONS

POUR LA

CONDUITE DES FOUILLES ARCHÉOLOGIQUES

EN ALGÉRIE

I

Recherche des monuments à fouiller

La plupart des monuments antiques de l'Algérie sont mal conservés; en général, leurs ruines dépassent à peine le sol ou sont même complètement enfouies sous terre. Pour ne citer qu'un exemple, avant les travaux de déblaiement entrepris à Timgad à partir de 1881, il n'y avait guère que l'arc de triomphe de Trajan qui se dressât au-dessus des décombres confus de la ville romaine.

Aussi est-il souvent difficile de reconnaître les points sur lesquels il convient d'exécuter des fouilles. On devra examiner le terrain avec la plus grande attention. Une rangée de bases de colonnes encore en place, une suite de fûts renversés, des chapiteaux ou des fragments d'architecture gisant sur le sol indiquent un monument important et digne d'être fouillé, à moins que ces débris n'aient été rassemblés au hasard par des indigènes, à une époque plus ou moins reculée, pour orner quelque construction privée ou religieuse. Une moulure courant horizontalement peut révéler le soubassement d'un mausolée ou d'un temple. Une cour rectangulaire ou carrée, bordée de portiques et entourée de chambres, représente une maison romaine, disposée sur un plan assez analogue à celui des maisons mauresques. Les églises chrétiennes se reconnaissent d'ordinaire à leur plan rectangulaire, aux deux colonnades qui séparaient l'intérieur en trois vaisseaux parallèles, à la forme arrondie de l'abside, espace où se tenait le clergé pendant les offices et qui se trouve au fond ; cette abside est généralement tournée vers l'ouest et établie à un niveau plus élevé que le reste de l'édifice. D'épais massifs de blocage, parfois coupés par des assises de briques, peuvent marquer l'emplacement de thermes. De petits cubes multicolores en marbre ou en pâte de verre, épars sur un espace restreint, ont appartenu à des mosaïques, dont on retrouvera peut-être des morceaux bien conservés, enfouis sous terre à peu de distance.

En y regardant de près, on parviendra à distinguer la trace de murs, parallèles ou perpendiculaires, marquant d'une manière plus ou moins nette le plan d'un édifice. Nous ferons observer, à ce propos, que, le plus souvent, les murs des monuments antiques de l'Afrique du Nord n'ont pas été entièrement bâtis en blocs de grand appareil, ayant la forme de parallélépipèdes. Ils étaient faits habituellement en moellons ; des pierres de taille, dressées à des distances variables (de 0^{m}80 à 2^{m}50), consolidaient la maçonnerie. Très fréquemment, les parties construites en moellons se sont écroulées et il ne subsiste plus que le squelette du mur, c'est-à-dire les grosses pierres, debout sur une ligne et ressemblant au premier abord à une série de piliers.

D'autres fois, une butte aux contours réguliers indiquera un édifice complètement enfoui. Ainsi, les vastes thermes que l'on vient de déblayer à Timgad, auprès de la porte septentrionale, offraient, avant les fouilles, l'aspect d'une éminence quadrangulaire à sommet aplati, formée de décombres et de terre.

Pour vérifier les hypothèses que feront naître la disposition du terrain, la présence de colonnes ou de morceaux d'architecture, des restes de murs disposés symétriquement, des cubes détachés d'une mosaïque, on pourra exécuter quelques sondages. Par exemple, on creusera le sol autour d'un fût de colonne, afin de savoir s'il est encore en place sur sa base ; on recherchera les bases ou les fûts voisins, qui devaient faire partie du même alignement. On suivra des murs qui paraîtront appartenir à une construction importante, pour en déterminer l'étendue. On pratiquera une tranchée en biais ou deux tranchées en forme de croix de saint André dans l'espace que l'on supposera avoir été occupé par l'édifice : par ce moyen, on se rendra compte des dispositions intérieures et on verra si les salles sont pavées en mosaïque.

II

Conduite des fouilles

Une des plus sérieuses difficultés des fouilles est le choix de l'endroit où l'on jettera les terres de déblai. On devra, en effet, éviter de leur assigner un emplacement recouvrant des ruines intéressantes et que, plus tard, il sera nécessaire de dégager pour compléter le travail entrepris : ce serait s'infliger un surcroît de peine. Quand on disposera d'une voie Decauville un peu étendue, avec quelques wagonnets, on pourra emporter les terres assez loin, autant que possible sur une pente ou dans un ravin, où il sera facile de les verser et où elles ne seront plus une cause de gêne. Mais l'achat ou la location d'un chemin de fer Decauville coûte cher et ce matériel ne peut pas être transporté partout. On doit donc, le plus souvent, se contenter de brouettes ou de couffins pour enlever les déblais, dont l'accumulation forme bientôt des monticules assez disgracieux dans le voisinage immédiat du chantier. Il faudra du moins examiner de près la place où l'on aura l'intention de les jeter, afin de s'assurer qu'on ne va pas ensevelir quelque monument curieux ; au besoin, on pourra faire à cet endroit plusieurs sondages.

Lorsqu'on se mettra à déblayer une ruine qui aura paru mériter une exploration méthodique et complète, on rencontrera d'ordinaire, au-dessus ou en travers des murs romains, des vestiges de bâtisses appartenant à une époque plus récente, œuvres des Berbères du moyen-âge, de leurs descendants ou des Arabes. Ces constructions se reconnaissent assez facilement à leur maçonnerie très grossière (sans liaison ou avec une simple liaison en boue), ainsi qu'à l'emploi de matériaux empruntés à des monuments antiques et entassés pêle-mêle. Pour poursuivre la fouille, il faudra maintes fois démolir ces murs de basse époque. Mais on ne le fera qu'en cas de nécessité et on aura soin de les indiquer sur le plan provisoire que l'on dressera dès le commencement des travaux.

On marquera sur le même plan l'emplacement exact des pierres à moulures, à sculptures ou à inscriptions, des chapiteaux, des fûts, des bases que l'on recueillera dans les déblais et qui seront mis de côté. Un numéro d'ordre, inscrit sur le plan, correspondra au numéro que portera chacun de ces objets dans le journal, où il sera décrit brièvement et dessiné (avec les mesures).

Le journal notera aussi toutes les trouvailles de menus objets, monnaies, lampes, verres, etc., que l'on devra conserver scrupuleusement. Ne pas dédaigner les tessons de poteries, dont on peut souvent tirer des renseignements aux divers points de vue de la chronologie, des usages des anciens, de leurs relations commerciales. Les déposer à part. quitte à les écarter ensuite, quand ils auront été examinés par une personne compétente.

Observer les restes de carreaux ou de demi-cylindres en terre cuite et les débris de charbon, qui attesteront que l'espace fouillé était couvert en charpente et en tuiles ; ou bien la présence de ces petites seringues d'argile, emboîtées les unes dans les autres, qui, en Afrique, constituaient l'ossature d'un grand nombre de voûtes.

Quand on trouvera des mosaïques, on prendra de grandes précautions pour ne pas les endommager. Ces pavements sont fréquemment recouverts d'une croûte calcaire très tenace, qu'on enlèvera petit à petit avec une binette ou un couteau. Se méfier des racines qu'on ne devra pas arracher hâtivement, sous peine de faire sauter un grand nombre de cubes. La mosaïque une fois nettoyée, en faire un croquis, ou un dessin, ou une reproduction en aquarelle. Si un panneau, un médaillon à figures ou à inscription paraît vraiment intéressant, on pourra le calquer cube par cube et colorier ensuite ce calque.

Puis, *sans plus tarder*, on recouvrira la mosaïque d'une couche de terre ou de sable, épaisse de cinq à dix centimètres, en attendant qu'elle puisse être détachée du sol et transportée dans un musée. On résistera à la tentation d'enlever cette couche pour montrer la trouvaille aux curieux. Toute mosaïque exposée au grand air est infailliblement perdue au bout d'un temps plus ou moins long, surtout quand on l'arrose fréquemment pour en faire admirer le coloris. La végétation disjoint les cubes, l'eau les entraîne les uns après les autres, les gelées d'hiver et le soleil d'été fendent le pavement, sans parler des dégradations commises par des visiteurs inintelligents. On a laissé se perdre ainsi en Algérie des mosaïques d'une très grande valeur, qu'il eût été facile et peu coûteux d'enlever et qui auraient fait honneur aux musées de la colonie.

III

Indication des ruines qui méritent particulièrement d'être fouillées.

Parmi les monuments antiques qui, au point de vue des fouilles à exécuter, doivent attirer surtout l'attention des archéologues, nous signalerons :

1° Les temples, qui reposent ordinairement sur une plate-forme rectangulaire, haute d'au moins 1^{m}50 ; le front (sur un des petits côtés) présente en général quatre colonnes, précédées d'un escalier que flanquent deux perrons. On pourra trouver, dans les décombres ou aux abords des temples, des morceaux d'architecture remarquables, des restes de la dédicace qui ornait la façade et des statues qui s'élevaient dans le sanctuaire.

2° Les places publiques, ou *fora,* et leurs annexes. La principale place se trouve le plus souvent vers le milieu de la ville, près de l'intersection des deux grandes rues qui traversaient la cité du nord au sud et de l'est à l'ouest. Elle est habituellement de forme rectangulaire, dallée et bordée de portiques à colonnes. Des édifices divers l'entouraient : lieu de réunion du conseil municipal, ou curie ; grande halle ou basilique, où l'on rendait la justice ; temple, etc. Parfois, une ou deux portes monumentales donnaient accès sur la place. On a des chances de recueillir sur le *forum* des inscriptions publiques intéressantes, gravées surtout sur des bases de statues, et même des débris plus ou moins importants de ces statues.

2° Au pied des arcs de triomphe et des portes monumentales, des fouilles, d'ordinaire assez aisées, pourront amener la découverte de la dédicace, placée autrefois au sommet de l'édifice : ce qui permettra de dater l'arc avec précision ; l'inscription fournira sans doute aussi des renseignements historiques.

4° Dans les thermes, on trouve presque toujours des mosaïques. La plupart n'offrent que des motifs ornementaux, qui sont souvent, il est vrai, d'une composition fort heureuse. Cependant, on peut avoir la bonne fortune de tomber sur des mosaïques à figures.

5° Les maisons importantes étaient fréquemment aussi

décorées de mosaïques, surtout dans la grande salle d'apparat, située au fond de la cour.

6° Nous recommandons particulièrement des fouilles dans les églises, dont on rencontre les ruines à peu près partout en Algérie. L'étude de ces monuments fera mieux connaître l'architecture chrétienne primitive, sur laquelle il règne encore beaucoup d'obscurité. Des textes précieux pour l'histoire du christianisme en Afrique pourront être découverts, ainsi que des mosaïques de pavement, offrant soit des motifs d'ornementation, soit des figures, soit des inscriptions. On devra surtout explorer l'espace situé en avant de l'abside, au fond de la nef centrale. C'était là qu'en règle générale s'élevait l'autel, construit d'ordinaire en bois : l'emplacement qu'il occupait se distingue à quatre trous creusés dans des dalles et disposés en rectangle, trous dans lesquels étaient enfoncés les montants. On pourra recueillir à cet endroit une inscription indiquant le nom du martyr ou énumérant les reliques que recouvrait la table sainte. Peut-être aussi, en fouillant au-dessous de l'autel, rencontrera-t-on le corps du saint, déposé dans un sarcophage, ou le reliquaire en argile ou en métal, enfermé dans un coffre de pierre. Rechercher le baptistère, avec sa piscine, dans laquelle descendaient les néophytes. Il se trouve le plus souvent dans le voisinage du chevet de l'église.

7° Les ouvrages fortifiés élevés à une basse époque, surtout sous la domination byzantine, n'offrent que peu d'intérêt. On les reconnaît facilement à leurs murs doubles, qui ont été faits avec des pierres de taille empruntées d'ordinaire à des monuments plus anciens. Dans les constructions importantes, les deux parements encadrent des amas de moellons et de matériaux de démolition, et les murs atteignent 2^{m}50, voire même trois mètres d'épaisseur. Les fortins ont simplement la forme d'un rectangle ; les forteresses isolées, les remparts des villes présentent des tours carrées ou rondes aux angles et le long des courtines. Sauf de rares exceptions, ces ruines ne méritent pas d'être fouillées. Mais on les examinera de près, pour voir si, parmi les pierres employées dans les murs, il n'y en a pas qui portent des inscriptions ; on s'efforcera de les dégager, quand cette opération pourra se faire sans occasionner de sérieuses dégradations (1).

---

(1) En dehors des monuments classiques, nous recommanderons des fouilles dans les stations et ateliers dits préhistoriques et dans les cavernes. On ne devra pas déblayer les cavernes au hasard. Quand les couches de terre, qui se sont successivement déposées sur le sol et qui contiennent des armes et des outils en pierre, des objets en os, en argile,

IV

Fouilles de tombes

Les fouilles dans les sépultures sont faciles et peu coûteuses, et, si on les conduit avec méthode, elles peuvent donner des résultats intéressants.

Tombeaux indigènes en pierres sèches. — Ce sont soit des amas de blocs ou de moellons bruts *(tumulus)*; soit de simples cercles de pierres *(cromlechs)*; soit des caisses, formées généralement de quatre dalles dressées et d'une table de couverture et entourées d'un ou plusieurs cercles *(dolmens)*; soit des tours basses à assises assez régulières *(chouchet)*. Explorer ces tombeaux, en notant la manière dont on a recouvert le dépôt funèbre (dallage, lit de pierraille, cailloutis). Observer la position des ossements. Ils peuvent appartenir soit à un seul mort, étendu tout de son long ou replié, soit à plusieurs individus, que l'on aura ensevelis de la même manière, ou dont les os auront été entassés dans la tombe après décharnement : dans ce dernier cas, les squelettes sont souvent incomplets.

Tombeaux de type punique. — Ces sépultures sont en général creusées dans le roc et précédées d'un couloir ou d'un puits rectangulaire. On reconnaîtra le couloir ou le puits par des sondages à la barre à mine. La végétation plus dense pourra aussi indiquer l'existence de ces vestibules, aujourd'hui remplis de terre.

Tombeaux romains. — Ils se trouvent toujours en dehors des villes. Souvent, ils sont signalés par des épitaphes gravées sur des autels, sur des stèles, sur des caissons (voir plus loin, au § V). On rencontre fréquemment aussi, au-

---

des parures en coquillages, des ossements d'hommes et d'animaux, n'ont pas été remaniées, elles forment en quelque sorte des étages chronologiques. Il faudra donc distinguer avec soin les objets gisant dans les diverses couches superposées ; on pourra ainsi reconstituer des ensembles permettant d'avoir quelque connaissance des mœurs propres aux différentes époques de la civilisation de la pierre. Conserver tous les débris de l'industrie humaine, tous les ossements que l'on trouvera. Aucun détail, même infime, n'est à négliger dans ces fouilles. Marquer tous les objets avec une étiquette indiquant l'étage où on les aura recueillis.

dessus des sépultures, de petites tables, qui présentent des images de plats rectangulaires, ronds ou ovales, en relief ou en creux : ce sont des tables d'offrandes.

Voici l'énumération des principaux types de sépultures romaines qui existent en Algérie :

1° Fosses creusées dans la terre ou dans le roc, et parfois tapissées de dalles, de briques ou de murs en moellons. Elles sont surmontées d'un couvercle, consistant soit en une simple dalle, soit en une rangée de dalles ou de grandes briques.

2° Sépultures en pleine terre, dans lesquelles le corps est garanti par deux séries de tuiles inclinées les unes contre les autres, de manière à former un toit.

3° Sarcophages monolithes en forme d'ange. Comme les sépultures à toit de tuiles (n° 2), ces sarcophages sont parfois recouverts par un parallélépipède ou un demi-cylindre couché, construit en maçonnerie.

4° Jarres placées horizontalement en pleine terre. On les a fendues pour y introduire un corps d'enfant et on les a ensuite rajustées tant bien que mal. — Fragments de jarres abritant le corps d'un adulte.

5° Trous creusés dans la terre ou dans le roc et contenant un récipient plein de cendres : urne ou jarre en argile, placée verticalement, caisse en pierre, en marbre, en plomb.

6° Blocs de pierre, cubiques ou cylindriques, creusés au centre d'une cavité qui contient l'urne cinéraire, en argile, en plomb ou en verre.

7° Boîtes rectangulaires ou toits en tuiles, garantissant l'urne.

8° Cubes ou caissons demi-cylindriques en maçonnerie, à l'intérieur desquels l'urne est enfermée.

9° Mausolées, en général carrés ou rectangulaires. La chambre funéraire est souvent surmontée d'une sorte de loggia, qui s'ouvre largement sur le devant et qui abritait sans doute autrefois une ou plusieurs statues. Dans les parois de certaines chambres, sont ménagées des niches pour les urnes cinéraires ; ailleurs, des sarcophages sont déposés sur le sol, ou de grandes caisses en pierre construites sous le dallage. Parfois, les deux modes de sépulture, incinération et inhumation, se constatent dans la même tombe.

10° Caveaux souterrains, taillés dans le roc ou construits. Niches ou sarcophages. Des fosses sont quelquefois creusées dans le sol.

Dans les fouilles de cimetières, explorer complètement, si la chose est possible, un espace de terrain déterminé, afin qu'on n'ait plus à y revenir, au lieu de sauter d'un point à un autre, en laissant dans l'intervalle des sépultures non visitées.

Noter l'orientation des tombeaux, le mode de fermeture, la position des squelettes et leur orientation (dans les tombes chrétiennes, la tête est presque toujours à l'ouest), la place des urnes ou autres récipients pour les cendres (1). Conserver les crânes, qui peuvent intéresser les anthropologistes.

Sauf à l'époque chrétienne, les sépultures contiennent généralement un mobilier funéraire : poteries, objets de toilette, de parure, etc. Assister toujours à l'ouverture et au déblaiement des tombes et ne pas permettre aux ouvriers d'y pénétrer sans surveillance. Tamiser la terre dans les tombes riches, où l'on a pu déposer des bijoux de valeur.

Distinguer avec le plus grand soin le matériel des diverses sépultures. Pour éviter les confusions, on mettra à chaque objet une étiquette en carton, attachée avec un fil de fer. L'étiquette portera le numéro de la tombe (écrit, si l'on veut, au crayon noir) et le numéro de l'objet (au crayon bleu). Ainsi une lampe, avec les deux chiffres 3 (en noir) et 6 (en bleu), sera le sixième objet trouvé dans la troisième tombe visitée. A défaut d'étiquettes et de fil de fer, on pourra marquer ces numéros sur l'objet même. Dès l'ouverture du tombeau, faire un plan provisoire, sur lequel on indiquera l'emplacement des objets par les numéros (bleus) qu'on leur donnera.

Ces objets, qui n'ont pas en général de valeur artistique, ne présentent un véritable intérêt que si l'on sait exactement leur provenance et si l'on peut, par conséquent, les dater avec précision. Réunis dans des musées, classés tombe par tombe, ils constitueront des séries de documents très précieux pour l'étude des mœurs antiques. Dispersés chez des particuliers, traités comme des bibelots d'étagère, ils seront inutiles à la science et finiront par se briser ou se perdre.

---

(1) L'incinération devient très rare à partir de la seconde moitié du troisième siècle de notre ère.

V

Recherche d'inscriptions

On recherchera avec une attention particulière les inscriptions libyques, puniques, latines, grecques (1). Parfois, l'aspect d'une pierre permettra de deviner qu'elle porte une inscription, même quand le côté gravé sera caché sous terre ou engagé dans un mur. L'existence de moulures au sommet et au bas d'un bloc quadrangulaire pourra être l'indice d'une base de statue ou d'un autel. En Afrique, les pierres tumulaires ont fréquemment la forme d'un caisson semi-cylindrique ou, plus exactement, d'une longue malle à couvercle arrondi. Les stèles, funéraires ou votives, sont des pierres minces, souvent très allongées, dont la partie supérieure est en général pointue ou arrondie, et dont l'autre extrémité est quelquefois taillée de manière à pouvoir être engagée dans une mortaise carrée. Les bornes, placées sur les routes de mille en mille (1,481^{m}50), et même dans les villes, aux points où ces routes venaient aboutir, sont, pour la plupart, des colonnes assez grossières, qui s'emboîtaient dans des cubes de pierre, creusés d'une cavité cylindrique.

Toutes les inscriptions rencontrées seront mesurées (hauteur, largeur, épaisseur; hauteur des lettres; forme de la pierre) et copiées avec exactitude. Elles devront aussi être estampées.

Voici le procédé qu'il faut employer pour l'estampage :

Mettre, autant que possible, la pierre à plat. La nettoyer avec une brosse en chiendent et, s'il est nécessaire, avec de l'eau, de telle sorte qu'elle soit tout à fait propre.

Se servir de papier non collé. Des feuilles de buvard feront au besoin l'affaire. Mais il vaudra mieux employer du papier vergé, de l'espèce dite *fil d'Arches* (feuilles de 0^{m}62 sur 0^{m}48) (2).

Appliquer une feuille sur la pierre. Si une seule feuille ne suffit pas pour couvrir l'inscription, en employer plusieurs, en ayant soin de faire empiéter la seconde feuille sur la

---

(1) Ces dernières sont très rares en Algérie.

(2) Ce papier ne se trouve guère chez les papetiers d'Algérie. On pourra en faire venir de Paris ou de Marseille. Le Directeur du Musée d'Alger enverra quelques feuilles aux personnes qui lui en demanderont.

première, la troisième sur la seconde, etc. Numéroter ces feuilles. En cas de vent, maintenir les coins avec de petites pierres.

Mouiller le papier sans excès, mais complétement, à l'aide d'une éponge. Prendre une brosse à habits, ou mieux une brosse à reluire, assez dure. Frapper sur la feuille *énergique-ment et à plusieurs reprises* de manière à bien pénétrer dans le creux des lettres, et ne pas trop craindre de crever le papier. Commencer à l'une des extrémités, par exemple en haut à gauche, et continuer d'une façon régulière, en suivant les lignes de gauche à droite et de haut en bas. Faire disparaître les petites boursouflures du papier, produites par des bulles d'air, en les perçant avec une épingle ou un canif.

Si le papier est trop crevé, appliquer une seconde feuille, que l'on traitera de la même manière et qui fera corps avec la première.

Laisser sécher sur la pierre ou, si l'on est pressé, détacher délicatement le papier et l'exposer au soleil. Quand il sera sec, écrire dans un coin la provenance exacte, la date, le nom de l'opérateur. Rouler la feuille, la saillie des lettres en dedans, et l'envelopper dans du papier à emballage : on pourra dès lors l'expédier sans crainte.

Il sera bon de faire deux, ou même trois estampages, plutôt qu'un seul, surtout si le texte paraît important. Il ne faut pas croire d'ailleurs que cette opération mécanique dispense de la copie. Souvent la pierre est tellement usée que l'estampage vient mal et est fort difficile à déchiffrer. Une copie, même très imparfaite, peut alors rendre des services. Les inscriptions que l'on jugera intéressantes pourront être photographiées.

VI

Photographies. — Journal des fouilles. — Plans

Avant de commencer une fouille, il conviendra de faire une photographie de l'état des lieux. Au cours des travaux, on photographiera à plusieurs reprises le chantier. Les statues, bas reliefs, morceaux d'architecture (en particulier les chapiteaux) devront être photographiés à une échelle assez grande pour que les détails apparaissent avec la netteté désirable.

Noter les mesures au dos des épreuves que l'on communiquera, où bien placer un mètre auprès de l'objet (1).

Nous avons indiqué plus haut les renseignements qui figureront dans le journal des fouilles. Ce journal sera tenu quotidiennement par le directeur des travaux. Se munir de carnets reliés en toile souple, assez grands pour qu'on puisse y tracer, à une échelle suffisante, les plans provisoires et les croquis des objets trouvés (2). Choisir de préférence des carnets à papier quadrillé (carrés de 0ᵐ005 de côté), ce qui facilitera l'exécution rapide des plans et dessins.

A la fin des fouilles, dresser, sur une feuille de carton blanc, un plan d'ensemble, à l'échelle du cinquantième ou du centième. On y indiquera d'une manière différente les murs appartenant à diverses époques (les murs romains par une teinte noire, les murs postérieurs par des hachures obliques ou croisées). Une porte sera représentée par une solution de continuité, une fenêtre par deux simples traits, correspondant à l'épaisseur du mur. Marquer le nord par une flèche ; placer dans un coin une échelle. Les cotes seront écrites au crayon, assez légèrement pour qu'on puisse plus tard les effacer. Ne pas se servir d'encre violette ou bleue.

Si la chose paraît utile, on joindra au plan général des plans de détail à une plus grande échelle. Faire au besoin une ou plusieurs coupes.

Dans les fouilles de cimetières, on devra dresser un plan de chaque tombeau (au cinquantième ou au vingt-cinquième) et un plan général indiquant la position respective des sépultures.

Tous ces documents, carnets de fouilles, dessins, calques, estampages, photographies, plans, pourront être envoyés à M. le Gouverneur Général de l'Algérie, Direction de l'Intérieur, 1ᵉʳ bureau (inutile d'affranchir).

Les personnes qui désireront acquérir les notions nécessaires pour faire des études archéologiques en Algérie devront se procurer un petit livre, publié par le Comité des Travaux historiques et scientifiques, et intitulé : *Recherche des antiquités dans le Nord de l'Afrique. Conseils aux archéologues et aux voyageurs* (Paris, Leroux, 1890 ; demander la petite édition in-12, plus commode en campagne que l'édition in-8°). On trouvera des résumés de l'histoire ancienne

---

(1) On essaiera aussi de photographier les mosaïques, quoique l'opération soit difficile à réussir (on pourra se servir d'un miroir incliné).

(2) Nous recommandons les dimensions 0ᵐ19 de long et 0ᵐ13 de large.

de l'Algérie dans le premier volume de l'ouvrage de Cat, *Histoire de l'Algérie* (Alger, Jourdan, 1889), et dans une brochure de Gsell, *L'Algérie dans l'antiquité* (publiée par le Gouvernement général de l'Algérie, à l'occasion de l'Exposition universelle de 1900).